PREMIER **IMAGIER**

FRANÇAIS ANGLAIS

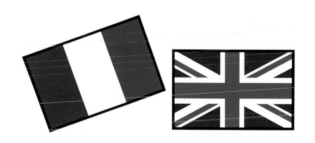

Piccolia

Sommaire

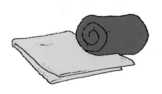

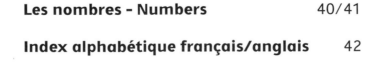
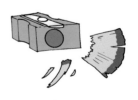

À propos de ce livre

Ce premier imagier illustré présente des scènes de tous les jours et des objets familiers que l'enfant connaît. Sur chaque page, il y a des images sous-titrées en français et en anglais pour que l'enfant puisse reconnaître et apprendre les mots. À la fin du livre se trouve une liste de tous les mots anglais présents dans ce livre.

La plupart des pages doubles se prêtent à un jeu qui va développer les facultés d'observation de l'enfant et lui permettre d'apprendre en s'amusant. Il suffit de lui demander : « Où est le journal dans la salle de séjour ? Comment dis-tu ce mot en anglais ? Où est le papillon dans le jardin ? Comment dis-tu ce mot en anglais ? » À la joie de trouver la chose nommée dans le dessin viendra s'ajouter la satisfaction de connaître son nom anglais.

La plupart des mots dans ce livre sont des noms (ils nomment des choses ou des êtres). En anglais c'est le s à la fin du nom qui indique qu'il s'agit d'un pluriel : cats (« les chats ») et cat (« le chat »).

La ferme

le fermier
farmer

la vache
cow

le veau
calf

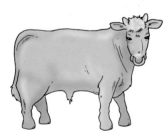

le taureau
bull

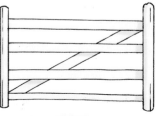

le portail
gate

le coq
rooster

le poussi
chick

4

Farm

le tracteur
tractor

la chèvre
goat

le cochon
pig

le mouton
sheep

l'oie
goose

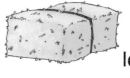
la poule
hen

le foin
hay

le canard
duck

5

Le jardin

l'arbre
tree

les pots de fleurs
flowerpots

l'arrosoir
watering can

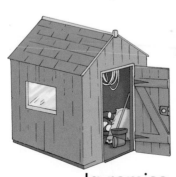

la remise
shed

l'arbuste
bush

l'escargot
snail

Garden

le tuyau
hose

la pelle
shovel

les fleurs
flowers

les oiseaux
birds

le ver
worm

le papillon
butterfly

la brouette
wheelbarrow

Les animaux domestiques
Pets

les chatons
kittens

le chat
cat

le chien
dog

les chiots
puppies

le poisson
rouge
goldfish

la tortue
tortoise

le cochon d'Inde
guinea pig

le hamster
hamster

la perruche
parakeet

les souris
mice

le perroquet
parrot

les canaris
canaries

les lapins
rabbits

La salle de séjour

le tabouret
stool

la plante
plant

le fauteuil
armchair

la cheminée
fireplace

la radio
radio

le journal
newspaper

Family room

le canapé
sofa

le vase
vase

le tableau
picture

la télévision
television

la fenêtre
window

les rideaux
curtains

le magazine
magazine

le magnétoscope
video cassette recorder (VCR)

11

La chambre à coucher

les pantoufles
slippers

la casquette de
base-ball
baseball cap

les chaussettes
socks

les tennis
trainers

la commode
**chest of
drawers**

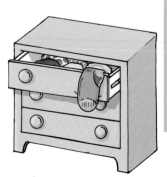

le peigne
comb

la brosse à cheveux
hairbrush

Bedroom

le jean
jeans

le tee-shirt
T-shirt

la lampe
lamp

le miroir
mirror

l'ours en peluche
teddy bear

le lit
bed

les chaussures
shoes

le puzzle
(jigsaw) puzzle

La salle de bains

les toilettes
toilet

la robe de
chambre
dressing gown

le lavabo
sink

l'étagère
shelf

la douche
shower

le canard en caoutchouc
rubber duck

le savon
soap

Bathroom

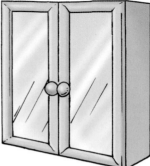

l'armoire
de toilette
**bathroom
cabinet**

le bain moussant
bubble bath

le tapis de bain
bathmat

les serviettes
towels

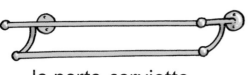

le porte-serviette
towel rack

le shampooing
shampoo

la baignoire
bathtub

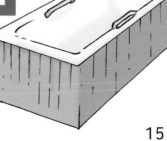

La cuisine

le tablier
apron

le bol
(mixing) bowl

l'horloge
clock

la cuillère de bois
wooden spoon

le lave-vaisselle
dishwasher

le fouet
whisk

le beurre
butter

le couteau de cuisine
kitchen knife

16

Kitchen

l'évier
sink

le grille-pain
toaster

la chaise
chair

le micro-ondes
microwave (oven)

la cuisinière
stove

la planche à pain
cutting board

l'ouvre-boîte
can opener

la tasse
mug

La table

le pichet
pitcher

l'assiette
plate

la casserole
saucepan

la cuillère à
soupe
soup spoon

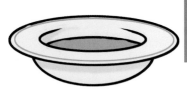

l'assiette à soupe
soup plate

le couteau
knife

le beurrier
butter dish

Table

le poivre
pepper

le sel
salt

la serviette
napkin

la cuillère à café
teaspoon

la tasse et la
soucoupe
cup and saucer

le verre
glass

la petite assiette
side plate

la fourchette
fork

la cuillère
spoon

Les heures de repas
Mealtimes

le lait
milk

le jus de fruits
fruit juice

Le petit déjeuner
Breakfast

le yaourt
yogurt

les céréales
cereal

les fruits
fruit

le miel
honey

le pain grillé
toast

le beurre
butter

les œufs à la coque
boiled eggs

les saucisses
sausages

le bacon
bacon

Le déjeuner
Lunch

la boisson
drink

les sandwichs
sandwiches

la pizza
pizza

Le dîner
Dinner

MENU

Poulet rôti
et frites
**Chicken
and chips**

Tarte
aux pommes
Apple pie

le brocoli
broccoli

la crème
cream

la tarte
aux pommes
apple pie

les pommes frites
French fries

les haricots
beans

le poulet rôti et frites
**chicken and
chips**

La nourriture
Food

le poulet
chicken

les côtes de porc
pork chops

le bifteck
steak

le thon
tuna

les filets de
poisson
fish sticks

le poisson
fish

le pain
bread

le fromage
cheese

les œufs
eggs

les beignets
doughnuts

le croissant
croissant

le riz
rice

les pâtes
pasta

les biscuits
cookies

les pommes chips
chips

le sucre
sugar

les petits fours
petit fours

la glace
ice cream

Les boissons – **Drinks**

le lait
milk

l'eau
water

les milk-shakes
milkshakes

le jus de fruits
fruit juice

le thé
tea

le café
coffee

la limonade
lemonade

le chocolat chaud
hot chocolate

Les fruits – **Fruits**

les oranges
oranges

les pommes
apples

les poires
pears

les pêches
peaches

les citrons
lemons

les bananes
bananas

le melon
melon

les myrtilles
blueberries

l'ananas
pineapple

les fraises
strawberries

les raisins
grapes

les tomates
tomatoes

Les légumes – **Vegetables**

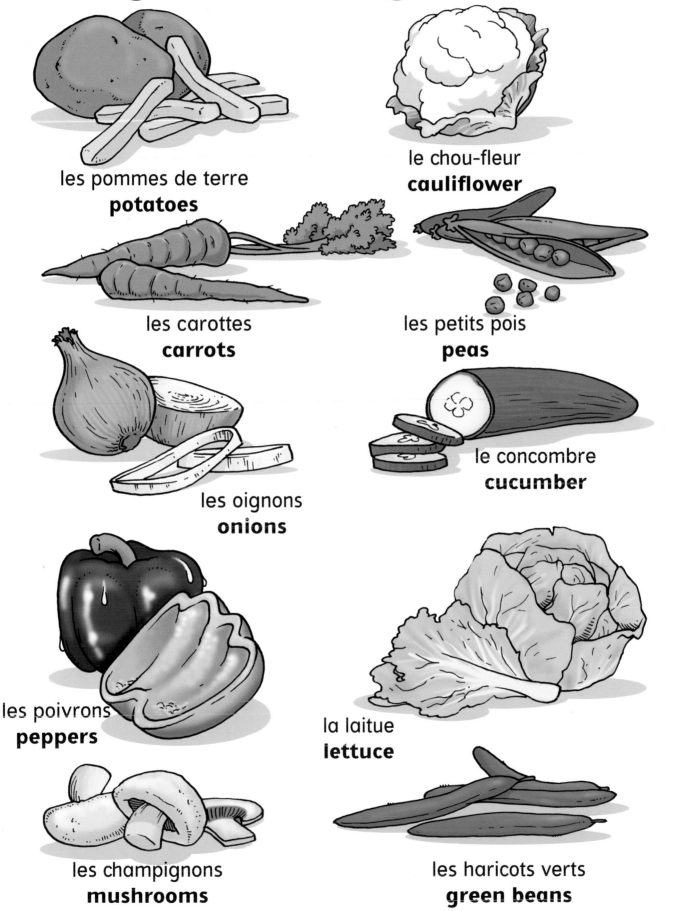

les pommes de terre
potatoes

le chou-fleur
cauliflower

les carottes
carrots

les petits pois
peas

les oignons
onions

le concombre
cucumber

les poivrons
peppers

la laitue
lettuce

les champignons
mushrooms

les haricots verts
green beans

La salle de classe

la maîtresse
teacher

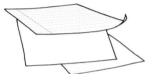

le papier
paper

le globe
globe

le manuel
textbook

le sac à dos
backpack

les crayons
pencils

la règle
ruler

le taille-crayon
pencil sharpene

Classroom

l'ordinateur
computer

la table
table

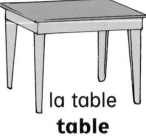

la colle
glue

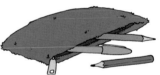

la trousse
pencil case

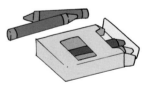

les crayons de couleur
crayons

les ciseaux
scissors

les pinceaux
paintbrushes

la gomme
eraser

la peinture
paint

Les sports
Sports

le basket
basketball

le base-ball
baseball

le football
soccer

l'équitation
horse riding

la course à pied
running

le patinage
ice skating

la gymnastique
gymnastics

la natation
swimming

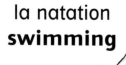

le judo
judo

le snowboard
snowboarding

le tennis
tennis

le cyclisme
cycling

le ski
skiing

le golf
golf

le football américain
football

La famille – **Family**

le père
father

la mère
mother

le grand-père
grandfather

le frère
brother

la sœur
sister

le bébé
baby

l'oncle
uncle

la tante
aunt

la grand-mère
grandmother

la cousine
cousin

le cousin
cousin

31

Le corps
Body

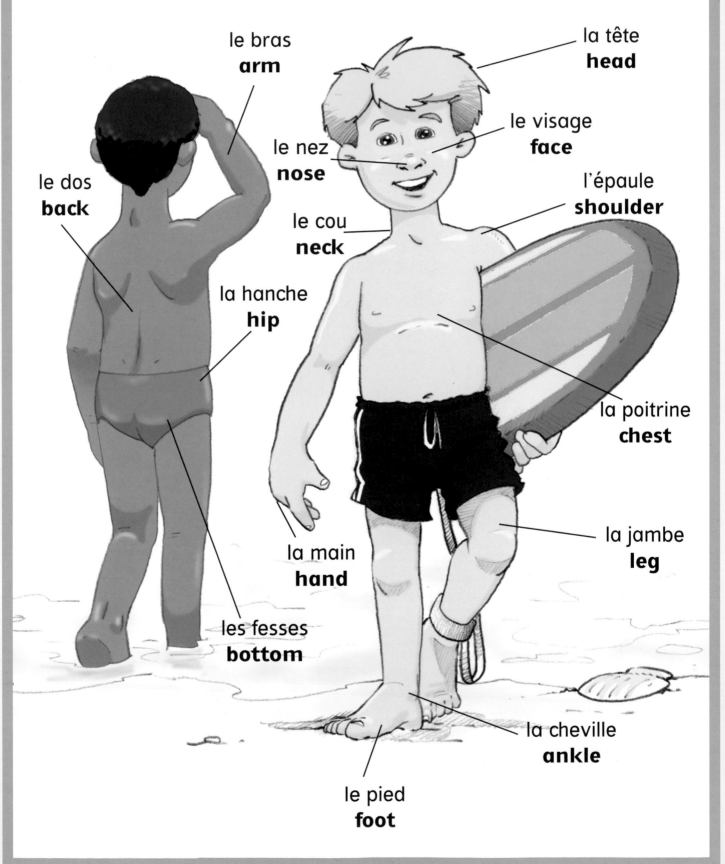

le bras
arm

la tête
head

le visage
face

le nez
nose

le dos
back

l'épaule
shoulder

le cou
neck

la hanche
hip

la poitrine
chest

la jambe
leg

la main
hand

les fesses
bottom

la cheville
ankle

le pied
foot

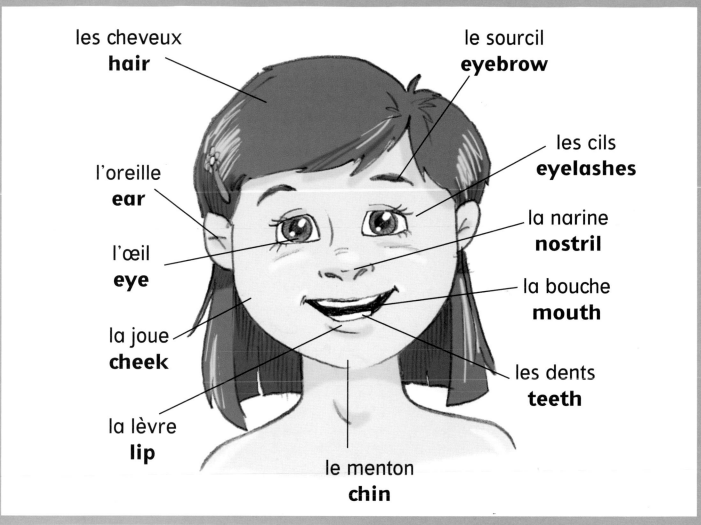

les cheveux
hair

le sourcil
eyebrow

les cils
eyelashes

l'oreille
ear

l'œil
eye

la narine
nostril

la bouche
mouth

la joue
cheek

les dents
teeth

la lèvre
lip

le menton
chin

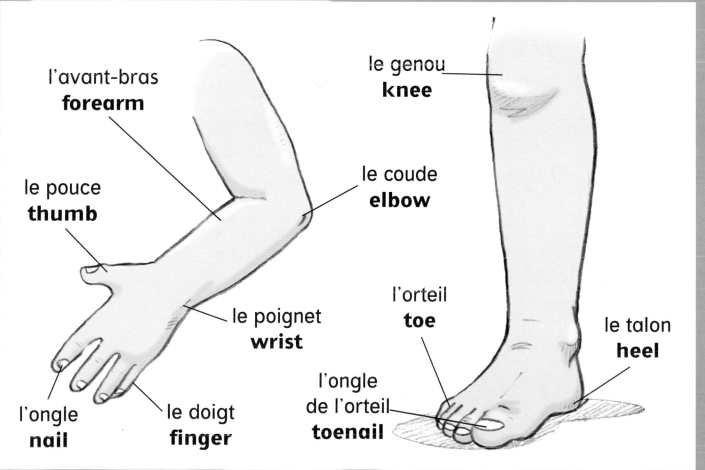

l'avant-bras
forearm

le genou
knee

le pouce
thumb

le coude
elbow

le poignet
wrist

l'orteil
toe

le talon
heel

l'ongle
nail

le doigt
finger

l'ongle
de l'orteil
toenail

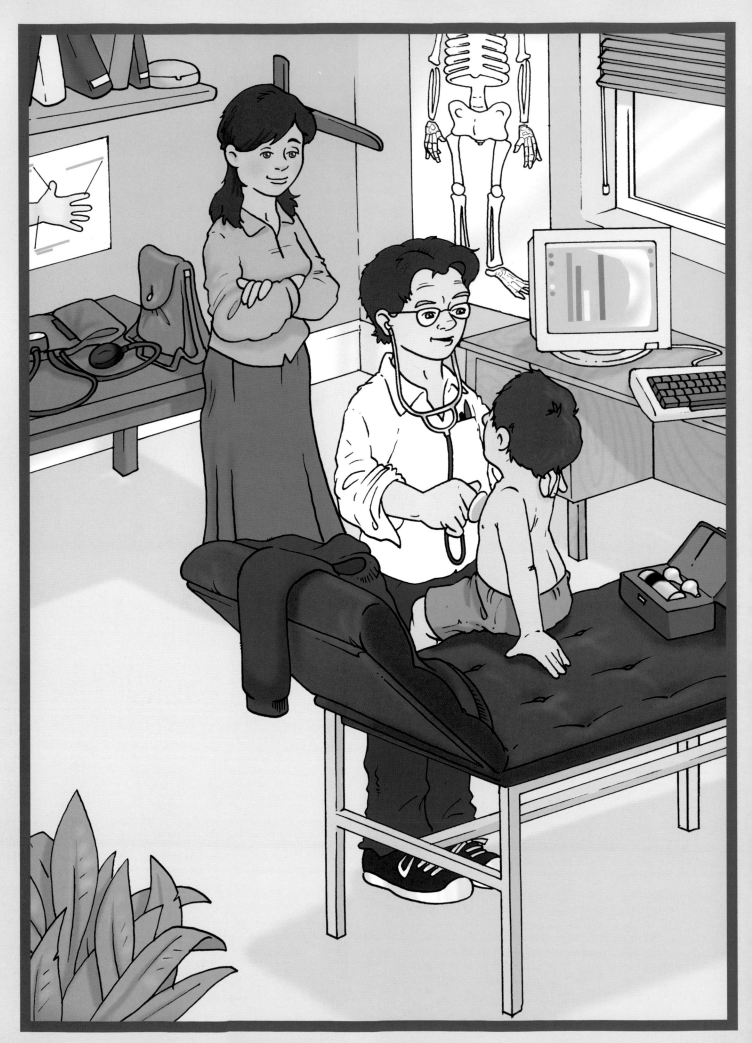

Le médecin – Doctor

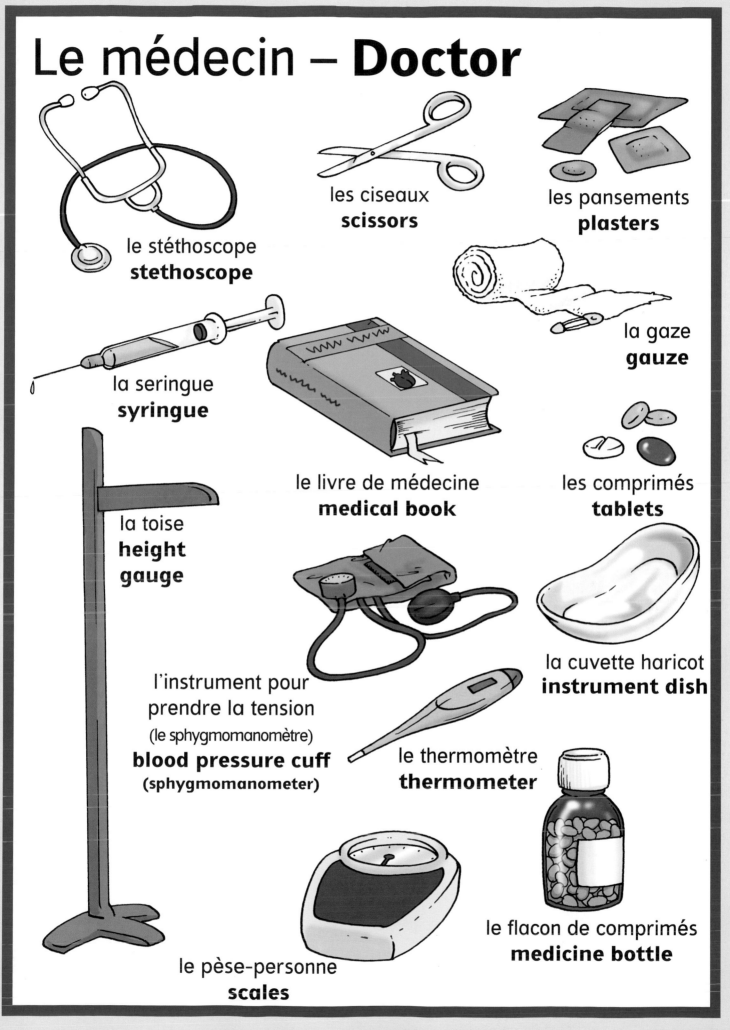

le stéthoscope
stethoscope

les ciseaux
scissors

les pansements
plasters

la gaze
gauze

la seringue
syringue

le livre de médecine
medical book

les comprimés
tablets

la toise
**height
gauge**

l'instrument pour
prendre la tension
(le sphygmomanomètre)
blood pressure cuff
(sphygmomanometer)

la cuvette haricot
instrument dish

le thermomètre
thermometer

le flacon de comprimés
medicine bottle

le pèse-personne
scales

Le dentiste – **Dentist**

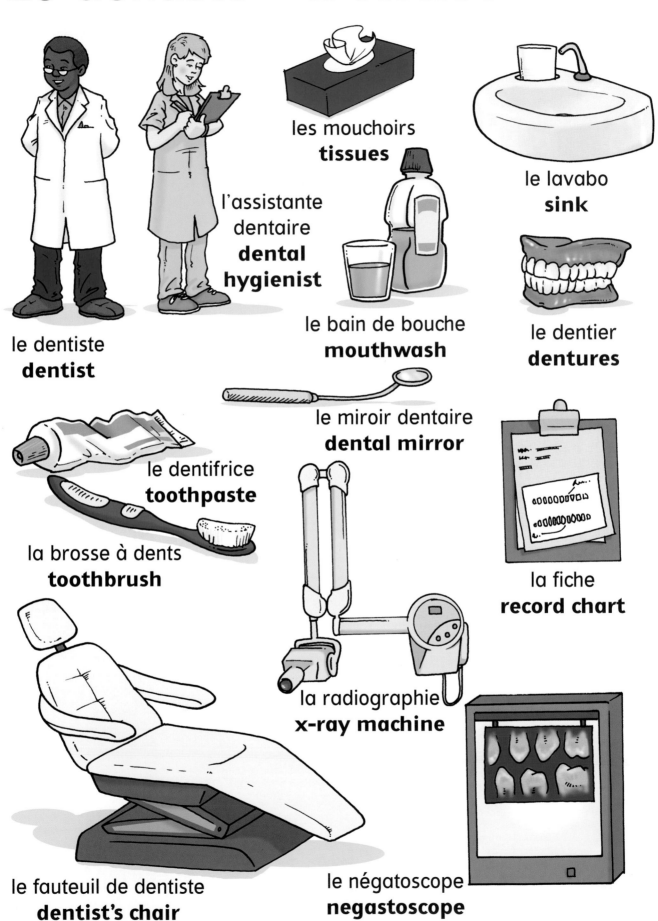

les mouchoirs
tissues

le lavabo
sink

l'assistante
dentaire
**dental
hygienist**

le dentiste
dentist

le bain de bouche
mouthwash

le dentier
dentures

le dentifrice
toothpaste

le miroir dentaire
dental mirror

la brosse à dents
toothbrush

la fiche
record chart

la radiographie
x-ray machine

le fauteuil de dentiste
dentist's chair

le négatoscope
negastoscope

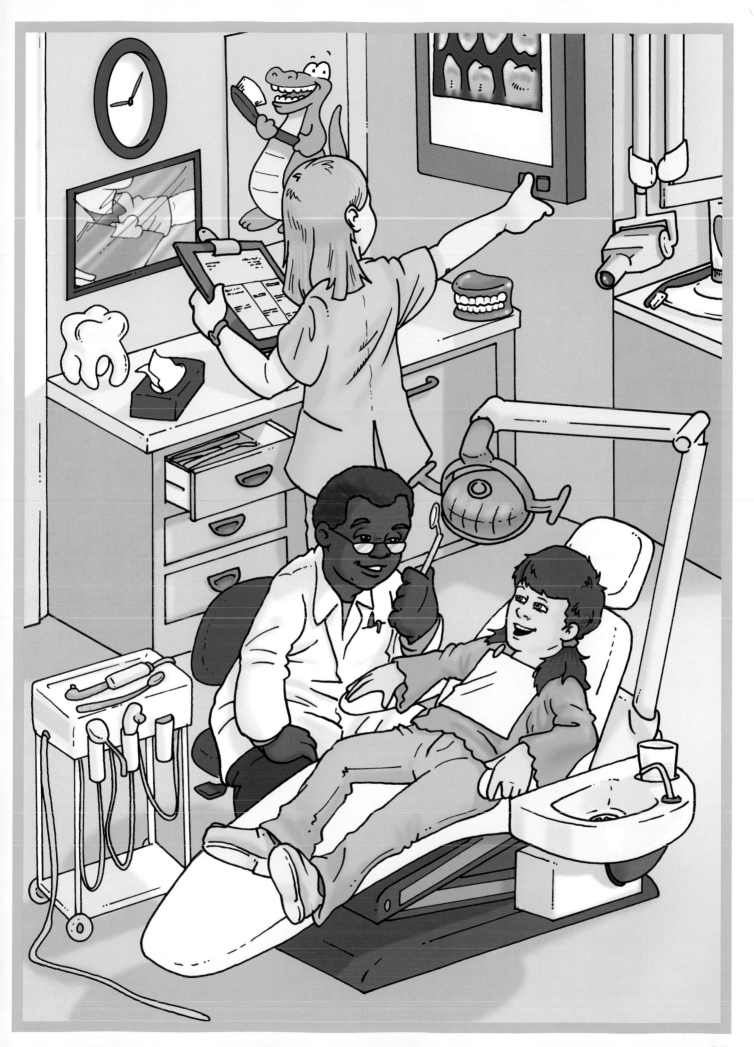

Les couleurs – **Colours**

Les formes – Shapes

le carré
square

le cercle
circle

le rectangle
rectangle

le losange
lozenge

le triangle
triangle

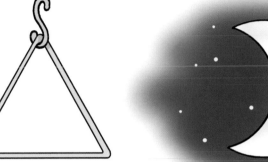

le croissant de
lune
crescent

l'ovale
oval

l'étoile
star

le cœur
heart

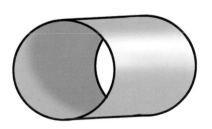

le cylindre
cylinder

le cône
cone

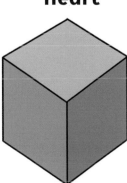

le cube
cube

Les nombres
Numbers

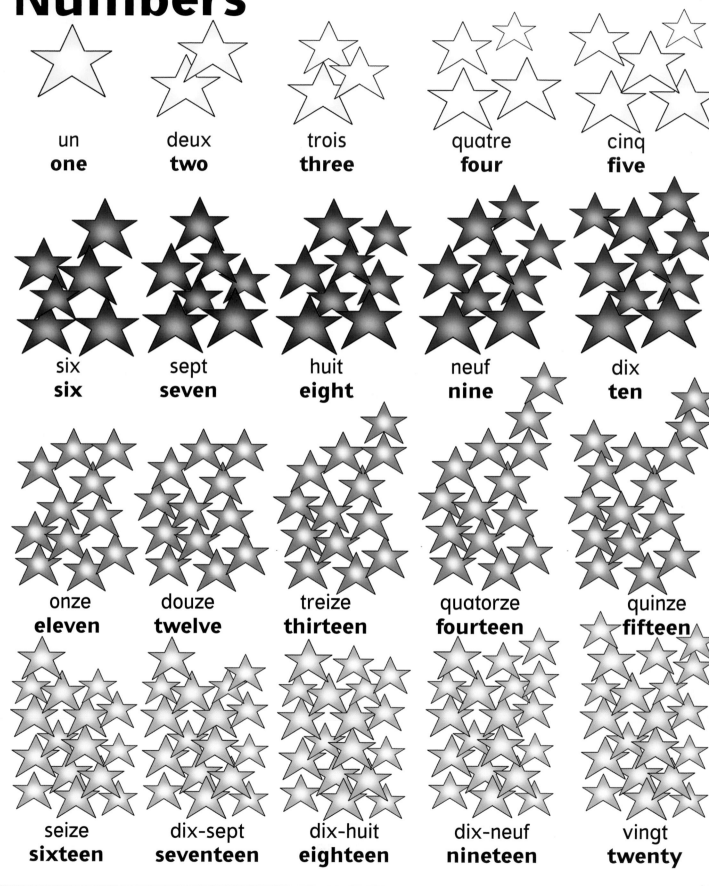

un **one**	deux **two**	trois **three**	quatre **four**	cinq **five**
six **six**	sept **seven**	huit **eight**	neuf **nine**	dix **ten**
onze **eleven**	douze **twelve**	treize **thirteen**	quatorze **fourteen**	quinze **fifteen**
seize **sixteen**	dix-sept **seventeen**	dix-huit **eighteen**	dix-neuf **nineteen**	vingt **twenty**

21
twenty-one
22
twenty-two
23
twenty-three

24
twenty-four
25
twenty-five
26
twenty-six

27
twenty-seven
28
twenty-eight
29
twenty-nine

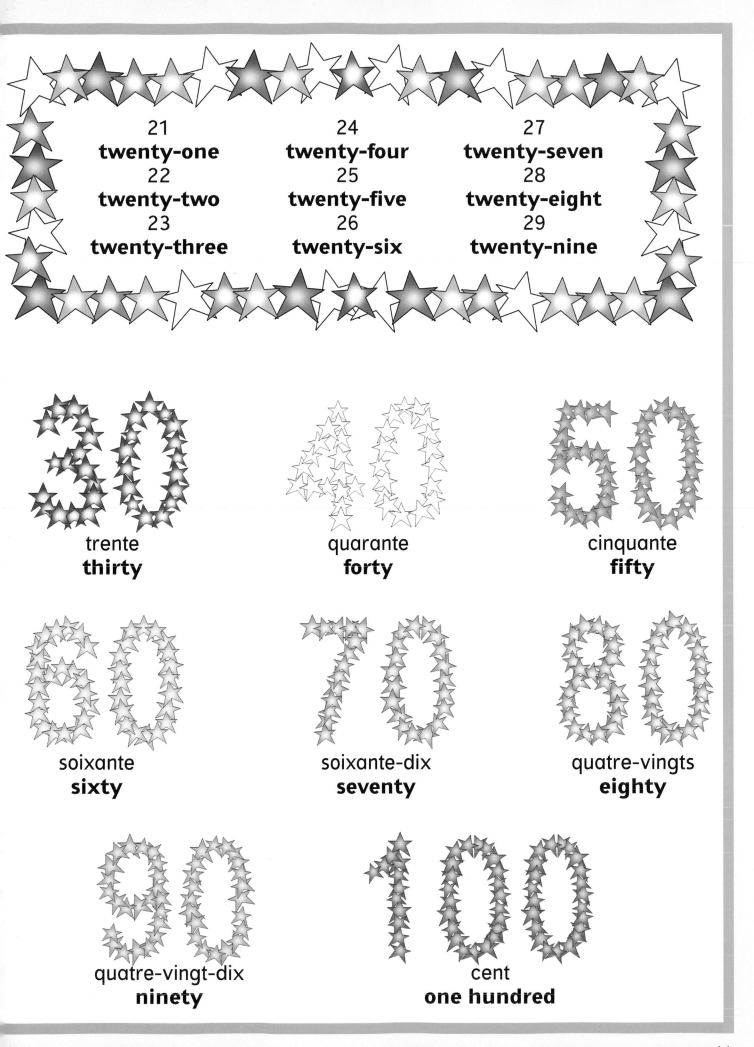

30
trente
thirty

40
quarante
forty

50
cinquante
fifty

60
soixante
sixty

70
soixante-dix
seventy

80
quatre-vingts
eighty

90
quatre-vingt-dix
ninety

100
cent
one hundred

Index alphabétique français/anglais

chat (le)	cat	8
chatons (les)	kittens	8
chaussettes (les)	socks	12
chaussures (les)	shoes	13
cheminée (la)	fireplace	10
cheveux (les)	hair	33
cheville (la)	ankle	32
chèvre (la)	goat	5
chien (le)	dog	8
chiots (les)	puppies	8
chocolat chaud (le)	hot chocolate	23
chou-fleur (le)	cauliflower	25
cils (les)	eyelashes	33
ciseaux (les)	scissors	27, 35
citrons (les)	lemons	24
cochon (le)	pig	5
cochon d'Inde (le)	guinea pig	8
cœur (le)	heart	39
colle (la)	glue	27
commode (la)	chest of drawers	12
comprimés (les)	tablets	35
concombre (le)	cucumber	25
cône (le)	cone	39
coq (le)	rooster	4
corps (le)	body	32
côtes de porc (les)	pork chops	22
cou (le)	neck	32
coude (le)	elbow	33
couleurs (les)	colors	38
course à pied (la)	running	28
cousin (le)	cousin	31
cousine (la)	cousin	31
couteau (le)	knife	18

couteau de cuisine (le)	kitchen knife	16
crayons (les)	pencils	26
crayons de couleur (les)	crayons	27
crème (la)	cream	21
croissant (le)	croissant	22
croissant de lune (le)	crescent	39
cube (le)	cube	39
cuillère (la)	spoon	19
cuillère à café (la)	teaspoon	19
cuillère à soupe (la)	soup spoon	18
cuillère de bois (la)	wooden spoon	16
cuisine (la)	kitchen	16
cuisinière (la)	stove	17
cuvette haricot (la)	instrument dish	35
cyclisme (le)	cycling	29
cylindre (le)	cylinder	39

D

déjeuner (le)	lunch	21
dentier (le)	dentures	36
dentifrice (le)	toothpaste	36
dentiste (le)	dentist	36
dents (les)	teeth	33
dîner (le)	dinner	21
doigt (le)	finger	33
dos (le)	back	32
douche (la)	shower	14

E

eau (l')	water	23
épaule (l')	shoulder	32

équitation (l')	horse riding	28
escargot (l')	snail	6
étagère (l')	shelf	14
étoile (l')	star	39
évier (l')	kitchen sink	17

F

famille (la)	family	30
fauteuil (le)	armchair	10
fauteuil du dentiste (le)	dentist's chair	36
fenêtre (la)	window	11
ferme (la)	farm	4
fermier (le)	farmer	4
fesses (les)	bottom	32
fiche (la)	record chart	36
filets de poisson (les)	fish sticks	22
flacon de comprimés (le)	medicine bottle	35
fleurs (les)	flowers	7
foin (le)	hay	5
football (le)	soccer	28
football américain (le)	football	29
formes (les)	shapes	39
fouet (le)	whisk	16
fourchette (la)	fork	19
fraises (les)	strawberries	24
frère (le)	brother	30
fromage (le)	cheese	22
fruits (les)	fruit	20, 24

G

gaze (la)	gauze	35
genou (le)	knee	33
glace (la)	ice cream	22
globe (le)	globe	26
golf (le)	golf	29
gomme (la)	eraser	27
grand-mère (la)	grandmother	31
grand-père (le)	grandfather	30
grille-pain (le)	toaster	17
gymnastique (la)	gymnastics	28

H

hamster (le)	hamster	8
hanche (la)	hip	32
haricots (les)	beans	21
haricots verts (les)	green beans	25
heures de repas (les)	mealtimes	20
horloge (l')	clock	16

I

instrument pour prendre la tension (l')	blood pressure cuff	35

J

jambe (la)	leg	32
jardin (le)	garden	6
jean (le)	jeans	13
joue (la)	cheek	33
journal (le)	newspaper	10
judo (le)	judo	29
jus de fruits (le)	fruit juice	20, 23

papillon (le)	butterfly	7
pâtes (les)	pasta	22
patinage (le)	ice skating	28
pêches (les)	peaches	24
peigne (le)	comb	12
peinture (la)	paint	27
pelle (la)	shovel	7
père (le)	father	30
perroquet (le)	parrot	9
perruche (la)	parakeet	9
pèse-personne (le)	scales	35
petit déjeuner (le)	breakfast	20
petite assiette (la)	side plate	19
petits fours (les)	petit fours	22
petits pois (les)	peas	25
pichet (le)	pitcher	18
pied (le)	foot	32
pinceaux (les)	paintbrushes	27
pizza (la)	pizza	21
planche à pain (la)	cutting board	17
plante (la)	plant	10
poignet (le)	wrist	33
poires (les)	pears	24
poisson (le)	fish	22
poisson rouge (le)	goldfish	8
poitrine (la)	chest	32
poivre (le)	pepper	19
poivrons (les)	peppers	25
pommes (les)	apples	24
pommes chips (les)	chips	22
pommes de terre (les)	potatoes	25
pommes frites (les)	French fries	21
portail (le)	gate	4

porte-serviette (le)	towel rack	15
pots de fleurs (les)	flowerpots	6
pouce (le)	thumb	33
poule (la)	hen	5
poulet (le)	chicken	21, 22
poulet rôti et frites (le)	chicken and chips	21
poussin (le)	chick	4
puzzle (le)	(jigsaw) puzzle	13

R

radio (la)	radio	10
radiographie (la)	x-ray machine	36
raisins (les)	grapes	24
rectangle (le)	rectangle	39
règle (la)	ruler	26
remise (la)	shed	6
rideaux (les)	curtains	11
riz (le)	rice	22
robe de chambre (la)	dressing gown	14

S

sac à dos (le)	backpack	26
salle de bains (la)	bathroom	14
salle de classe (la)	classroom	26
salle de séjour (la)	living room	10
sandwichs (les)	sandwiches	21
saucisses (les)	sausages	20
savon (le)	soap	14
sel (le)	salt	19
seringue (la)	syringue	35
serviette (la)	napkin	19
serviettes (les)	towels	15

shampooing (le)	shampoo	15
ski (le)	skiing	29
snowboard (le)	snowboarding	29
sœur (la)	sister	30
sourcil (le)	eyebrow	33
souris (les)	mice	9
sports (les)	sports	28
stéthoscope (le)	stethoscope	35
sucre (le)	sugar	22

T

table (la)	table	18, 27
tableau (le)	picture	11
tablier (le)	apron	16
tabouret (le)	stool	10
taille-crayon (le)	pencil sharpener	26
talon (le)	heel	33
tante (la)	aunt	31
tapis de bain (le)	bathmat	15
tarte aux pommes (la)	apple pie	21
tasse (la)	mug/cup	17
tasse et la soucoupe (la)	cup and saucer	19
taureau (le)	bull	4
tee-shirt (le)	T-shirt	13
télévision (la)	television	11
tennis (le)	tennis	29
tennis (les)	trainers	12
tête (la)	head	32
thé (le)	tea	23
thermomètre (le)	thermometer	35
thon (le)	tuna	22
toilettes (les)	toilet	14

toise (la)	height gauge	35
tomates (les)	tomatoes	24
tortue (la)	tortoise	8
tracteur (le)	tractor	5
triangle (le)	triangle	39
trousse (la)	pencil case	27
tuyau (le)	hose	7

V

vache (la)	cow	4
vase (le)	vase	11
veau (le)	calf	4
ver (le)	worm	7
verre (le)	glass	19
visage (le)	face	32

Y

yaourt (le)	yogurt	20

Les couleurs   38

blanc	white
bleu	blue
jaune	yellow
marron	brown
noir	black
orange	orange
rouge	red
vert	green
violet	purple

Les nombres 40-41

un	1	one
deux	2	two
trois	3	three
quatre	4	four
cinq	5	five
six	6	six
sept	7	seven
huit	8	eight
neuf	9	nine
dix	10	ten
onze	11	eleven
douze	12	twelve
treize	13	thirteen
quatorze	14	fourteen
quinze	15	fifteen
seize	16	sixteen
dix-sept	17	seventeen
dix-huit	18	eighteen
dix-neuf	19	nineteen
vingt	20	twenty
vingt et un	21	twenty-one
vingt-deux	22	twenty-two
vingt-trois	23	twenty-three
vingt-quatre	24	twenty-four
vingt-cinq	25	twenty-five
vingt-six	26	twenty-six
vingt-sept	27	twenty-seven
vingt-huit	28	twenty-eight
vingt-neuf	29	twenty-nine
trente	30	thirty
quarante	40	forty
cinquante	50	fifty
soixante	60	sixty
soixante-dix	70	seventy
quatre-vingts	80	eighty
quatre-vingt-dix	90	ninety
cent	100	one hundred